Françoise-Marie BOURDIN

LA POUPEE A TETE D'ORANGE

A mes psys pour leur aide.

A mes parents pour leur participation à cette histoire psychologique de Petite Mademoiselle.

A Philippe et à Jean.

PETITE   MADEMOISELLE

Le cadeau

Elle ne l'avait pas demandé. Elle ne l'avait pas choisi. Elle ne le désirait peut-être pas, et, malgré cela, Petite Mademoiselle a accepté le cadeau que lui ont offert ses parents : l'existence. Un présent magique, unique, exaltant, décourageant, excitant, affligeant, enivrant, émouvant, troublant, captivant, mais jamais ordinaire.

Petite Mademoiselle a saisi ce paquet imposé. Il avait reçu des coups. Le carton était abîmé, déformé, cabossé, le papier froissé, sali, la ficelle défaite, sectionnée, arrachée. En l'ouvrant, Petite Mademoiselle a trouvé à l'intérieur les angoisses, les phobies, les peurs, les pleurs qui enveloppaient son destin. Libérés, ils se sont précipités, propulsés, jetés sur elle. Ils l'ont encerclée, enrobée, ensevelie. Elle ne s'est pas protégée. Elle ne s'est pas défendue. Elle a tout pris. Un bienfait de ses parents ne se refuse pas.

Depuis, Petite Mademoiselle traverse sa vie avec cette boîte endommagée et cet emballage chiffonné. Elle a fait siennes les angoisses, les phobies, les peurs qui étaient enfermées. Elles sont devenues sa seconde peau, une superbe fourrure. L'enlever ? Petite Mademoiselle aurait froid. L'abandonner ? Elle se retrouverait seule, sans amarre. Ne plus la sentir ? Elle aurait l'impression de rompre tout lien avec sa famille.

Lorsque cette pelure devient brûlante et trop lourde à porter, lorsqu'elle pèse sur ses épaules et que son dos se courbe, Petite Mademoiselle se soulage en restituant à ses parents ce qui leur revient, se déleste en jetant certains souvenirs qu'elle garde incommodants et désagréables. Elle se sent plus légère. Elle considère avoir réussi à ôter ce qui engorgeait ses désirs, à s'être débarrassée du poids des encombrants. Elle estime avoir réparé le bagage offert. Le colis semble être restauré et l'empaquetage repassé. Petite Mademoiselle a l'impression de vivre pleinement, d'être enfin elle-même. Mais, il suffit d'un rien, d'une phrase, d'un regard, d'une situation, et de nouveau le carton se plie, se détériore, se démolit. Le papier se déforme, se fripe, se déchire. Le paquet redevient lui-même, il reprend sa place. Il a rattrapé Petite Mademoiselle.

Alors, elle s'accroche à ses phobies, à ses peurs, à ses symptômes. Ils sont sa raison de vivre. Ils font partie de sa vie. Ils sont le cadeau de ses parents.

Les yeux de Petite Mademoiselle

Petite Mademoiselle pose sur le monde ses grands yeux vert-noisette. Elle regarde, observe et s'interroge. Elle regarde, observe ces gens qui vivent autour d'elle et qui s'appellent sa famille.

Elle essaye de comprendre. Ce père qu'elle admire et qui n'aime pas ses poupées. Pourquoi ? Elles sont jolies ses poupées, et elles ne font pas de bêtises. Pourquoi se met-il en colère lorsqu'il les voit ? Des colères terribles qui font très peur à Petite Mademoiselle. Pour protéger ses poupées, et pour que son papa ne s'emporte pas, elle le guette, le surveille, l'observe. Dès qu'elle l'aperçoit venant vers elle, elle court les cacher. Elle se sent alors triste, très triste, seule, très seule. Elle n'existe plus, elle n'est plus Petite Mademoiselle. Elle s'est métamorphosée en cette petite fille qui, pour faire plaisir à son papa, sourit et joue avec son frère. Ce frère qui a pris sa place et pour lequel sa maman a toutes les attentions. Cette mère qui ne prend jamais Petite Mademoiselle dans ses bras. Pas de baiser, pas de câlin, pas de mot gentil. Cette mère si proche physiquement, mais si loin d'elle. Si présente, mais si absente. Pourquoi est-elle comme cela ? Pourquoi n'aime-t-elle pas Petite Mademoiselle ? Pourquoi préfère-t-elle son frère ? Qu'a-t-il de plus ?

Et ce grand-père malade, qu'elle ne peut pas voir ?

Pourquoi le lui interdit-on ? Ce grand-père qui sait l'écouter, la comprendre, lui dire des choses aimantes. Pourquoi est-il parti et n'est-il plus revenu ? Il est allé au ciel. Petite Mademoiselle sait qu'on ne va pas au ciel. On meurt. Son grand-père est mort. Elle le sait. Mais pourquoi meurt-on ? Personne ne lui explique. Personne ne s'intéresse à ses demandes. Trop jeune, ne peut pas comprendre.

Alors, elle reste seule avec ses questions sans réponse. Elle découvre le grand vide de la solitude. Pour vivre, elle se met à rêver. Une maman qui câline et réconforte, un papa qui ne se met pas en colère. Un papa et une maman qui la comprennent. Mais le rêve passe et la réalité rejoint vite Petite Mademoiselle chez qui la tristesse et l'angoisse se sont déjà installées.

Le sourire de Petite Mademoiselle

Petite Mademoiselle a un très joli sourire qui illumine son visage aux taches de rousseur anarchistes. Un sourire radieux, chaleureux, séduisant, qu'elle protège et préserve précieusement dans son cœur.

Il est son complice et ne la quitte jamais. Au gré de ses rencontres, Petite Mademoiselle le dépose délicatement sur ses lèvres. Elle vous croise dans la rue ? Elle vous sourit. Elle vous parle ? Elle vous sourit. Elle vient vers vous ? Elle vous sourit. Vous êtes obligés de remarquer cette petite fille à l'éternel sourire. Elle dénote au milieu de cette foule de personnes stressées, angoissées, agressives, de ces enfants inquiets, effarouchés, provocants. Elle dégage une joie de vivre, une chaleur, un quelque chose qui, inévitablement, vous fait répondre à son sourire. Vous êtes séduit par l'image qu'elle donne, celle d'une petite fille heureuse, gracieuse, agréable, gaie.

Ce sourire n'est qu'une apparence, un fard, un artifice. Il est le maquillage qu'utilise Petite Mademoiselle pour dissimuler sa solitude, sa tristesse, son mal de vivre, ses envies de mourir. Ce sourire charmeur et enchanteur est un camouflage, un déguisement pour que personne ne sache, ne devine ce qui se cache, se dissimule derrière. Petite Mademoiselle ne veut pas montrer aux autres ses souffrances. Elle s'interdit de raconter son histoire. Alors, elle sourit.

Lorsqu'elle se retrouve seule, elle retire ce doux et joli sourire de ses lèvres. Elle lui substitue une moue triste, un rictus sinistre. Ses yeux s'assombrissent, son front se plisse. Ses traits se crispent. Les idées douloureuses, les chagrins reprennent leurs places.

Petite Mademoiselle redevient cette petite fille angoissée, mal aimée et abandonnée de sa mère. Elle redevient cette petite fille assoiffée d'affection, de compliments, de sécurité. Elle redevient cette petite fille ne voulant rien montrer de ses sentiments, se blottissant dans sa solitude et sa souffrance. Cette petite fille qui cache toute sa détresse derrière son incroyable sourire.

Le champ de bataille

Avant l'affrontement, les armées ennemies se mettaient en rang. La marche pesante des armures martelait de ses pas saccadés cet amas de boyaux. Les dos chargés des chevaux bosselaient cette peau étirée. Les lourds canons appuyaient sur cette panse et la comprimaient.

Les mains posées sur son abdomen, Petite Mademoiselle tentait de se détendre. Une apparence de répit semblait s'installer. Un leurre. Une douleur foudroyante brisait cette illusion et faisait se courber Petite Mademoiselle. Un boulet venait d'être tiré et avait endommagé l'hypogastre. Branle-bas. La bataille commençait. La pointe des épées perforait le foie laissant la bile s'échapper, les cavaliers par leurs courses effrénées laminaient les intestins, les coups répétés des gourdins agrandissaient la cavité du nombril, la fumée des canonnades gonflait cette bedaine ravagée. Des gaz nauséabonds s'échappaient, une odeur fétide se répandait, des bruits écœurants se manifestaient.

Crispée, contrariée, inquiète, Petite Mademoiselle subissait ces attaques. Epuisée, elle attendait la fin du conflit des bataillons de ses entrailles. Préoccupations, difficultés, anxiétés, chagrins, souvenirs, phobies provoquaient cette guerre intérieure. Les moi antagonistes de Petite Mademoiselle se défiaient dans une lutte acharnée. La petite fille obéissante, barricadée dans ses devoirs familiaux, bloquée par ses interdits, coincée par sa culpabilité. L'angoissée, triste, délaissée, solitaire, avec son mal de vivre et son besoin permanent d'avoir une mère maternante. La révoltée voulant s'identifier aux autres, se confondre, fusionner dans la foule des vivants. L'opiniâtre luttant pour être elle-même tout simplement.

Les munitions venant à manquer, les hostilités s'arrêtaient. Le calme s'installait. Petite Mademoiselle touchait et regardait ce champ de bataille jonché de cadavres puants, de blessés hurlants, de mourants gémissants. Son ventre.

SON IMAGE

Le miroir

Il est cet ami qui lui tient compagnie dans ses moments de solitude, ce confident qui lui permet d'exister, ce copain qui comble son sentiment d'abandon. Il est ce soutien vers lequel elle se précipite dans ses moments de désespoir. Il est là, dans un coin, près de la porte-fenêtre, sans intimité avec les autres meubles. Là, dans cette chambre qui n'est pas la sienne, trônant au milieu de la coiffeuse, il l'attend. Elle arrive et s'assoit devant lui. Il est son miroir.

Avec ses yeux remplis d'inquiétude, Petite Mademoiselle l'interroge.

– Assise devant toi, je te dévisage. Tu me regardes. Tu me renvoies une image. Je perçois ce personnage, je reçois ce reflet, cette vision. Est-ce moi ? Je doute. Est-ce cette petite fille que je sens vivre en moi ? Ou, est-ce cette petite fille que façonne sa famille ? Et ce visage ? Que pleure-t-il ? L'abandon de sa mère ? La mort de son grand-père ? La maladie de son père ? J'ai l'impression que ce faciès n'est pas le mien. Cela me panique, m'affole. Toi, tu sais à qui il appartient. A qui ? A moi ? Est-ce vrai ? Tu dois me soutenir dans ma recherche d'identité, m'aider à me découvrir, à me connaître, à me reconnaître. J'ai faim que l'on s'intéresse à moi, que l'on me rassure. J'ai soif que l'on pose ses yeux sur moi et que l'on me dise que je suis belle. J'ai grand appétit que l'on comprenne mes ressentis. J'ai besoin de tout cela pour avoir le sentiment d'exister, d'être un être vivant.

Après toutes ces demandes, Petite Mademoiselle entend une faible voix intérieure. Son miroir lui répond.

– C'est bien toi la représentation que je te renvoie. Caresse ton visage, contemple-le, examine-le. Dis-toi que tu es mignonne. Cela te surprend, n'est-ce pas ? Tu n'as pas l'habitude d'entendre de tels compliments venant de ta mère. Glisse le long de ce petit nez, de ces joues, fais le tour de cette bouche. Palpe, tâte, touche ce corps que je te reflète en te murmurant que c'est bien le tien. Observe-toi faire ces découvertes. Dis-toi que c'est toi. Chasse les fantômes de tes parents qui viennent brouiller ta réalité. Plonge dans tes yeux pour enlever ce voile qui te dissimule. Nourris-toi, sustente-toi de ces images qui sont les tiennes. Prends vie, prends corps en les contemplant. Puise la force d'exister, de te sentir toi. Tu as le droit d'être toi-même. Tu as le droit de vivre ta vie.

Petite Mademoiselle obéit à son miroir. Ses mains vagabondent sur son corps, ses doigts effleurent son visage. Elle examine, apprécie, reconnaît son image. Petit à petit, elle s'approprie le reflet qu'elle perçoit. Petit à petit, elle s'empare de son corps. Elle réalise que c'est elle et ressent une envie soudaine de vivre. Elle s'est retrouvée.

Son corps et le miroir

Devant son miroir, Petite Mademoiselle contemplait cette forme, cette image spéculaire de ce corps, suivait les mouvements de cette silhouette image, de ce physique qu'elle ne reconnaissait pas.

Le corps qu'elle supportait était abîmé, défait, déformé par toutes les souffrances accumulées. Un corps gonflé, boursouflé, enflé par les cris qui ne sont pas sortis, les larmes qui n'ont pas coulé, les peurs qui n'ont pas disparu. Un corps tendu, crispé, prêt à exploser de colère. Un corps désarticulé qui ne trouvait pas son unité. Une marionnette aux membres disloqués.

La silhouette du miroir était harmonieuse, fine, gracieuse. Rien ne laissait entrevoir la douleur. Pas de trace du vécu de Petite Mademoiselle. Pas de manifestation de tension, pas de marque de tourment, pas de signe de dépression. Cette représentation miroir était le reflet de la partie cachée, enfouie, dissimulée de Petite Mademoiselle. C'était la transcription de son vrai elle-même qu'elle censurait.

Devant son miroir, en examinant ce corps, peu à peu, Petite Mademoiselle retirait les couches d'interdits, détruisait les stocks d'injonctions, éliminait les dépôts de tabous. Peu à peu, elle se débarrassait des peaux d'âne qu'elle avait empilées. Elle dégageait son moi. Elle se le réappropriait.

Pour une courte durée.

Le duplicata

Petite Mademoiselle se percevait laide. Elle haïssait son physique. Elle haïssait son corps qu'elle jugeait inharmonieux. Elle avait souvent honte de se présenter aux regards des autres. Elle se croyait différente d'eux. Elle se détestait.

Pour se réconforter, elle cherchait aide, protection, consolation auprès de sa mère. Elle espérait, elle attendait, qu'elle lui dise qu'elle était une jolie petite fille, agréable, gentille, gracieuse. Nenni. Cela restait besoin et espoir. Sa mère lui confiait que son frère était plus beau qu'elle. Il avait des traits fins, il était charmant, charmeur, élégant. Ou bien, sa mère lui parlait de ses propres impressions. Elle n'aimait pas son aspect physique, elle se trouvait corpulente, presque obèse. Elle avait des bras de lutteurs, un gros nez comme Petite Mademoiselle.

Pour changer la perception d'elle-même, pour ressembler à ses amies, pour appartenir à leur groupe, Petite Mademoiselle souhaitait des robes de petite fille, des jupes avec des volants, des broderies, des jolies couleurs. Elle rêvait de longs cheveux qu'elle pourrait caresser, brosser, coiffer. Elle voulait tout simplement être une vraie petite fille.

Douce illusion. Sa mère l'habillait avec des jupes

strictes, des robes droites, aux couleurs sévères. Elle lui faisait couper ses cheveux. Lorsque Petite Mademoiselle se regardait dans son miroir, elle ne reconnaissait pas l'image qu'elle voulait d'elle. Ce n'était pas elle. Ce n'était pas cette petite fille qu'elle devinait vivre au plus profond d'elle-même. Lorsque Petite Mademoiselle se regardait dans son miroir, elle découvrait un fac-similé de sa maman enfant. La même coupe de cheveux. La même manière d'être habillée. Petite Mademoiselle s'interrogeait. Qui était-elle véritablement ? Qui devait-elle être ? La copie que voulait sa mère ou la petite fille qu'elle était vraiment. Lutte intérieure, duel crucial, confrontation existentielle, angoisse du choix.

Pour se sentir être et faire vivre sa propre image, Petite Mademoiselle s'installait devant son miroir. Elle changeait sa coiffure, elle modifiait ses vêtements. Elle contemplait ses yeux, le seul élément qu'elle trouvait bien en elle, et cherchait dans ce regard sa propre identité. Elle s'amusait à prendre des poses. Elle s'emparait de son corps et de sa véritable représentation. Elle reconstituait le puzzle de son image corporelle. Elle recollait les morceaux de son unité brisée. Elle ouvrait la porte. Elle laissait se manifester, s'exposer, elle laissait s'exprimer, s'afficher la petite fille qui était en elle. Elle effaçait le duplicata du miroir.

L'AMBIANCE FAMILIALE

L'affect

Il est là. Il est là, sommeillant quelque part dans la maison. Petite Mademoiselle sent sa présence. Elle le devine alangui derrière une plante, au milieu d'une pièce, près d'une fenêtre, sur un tableau, un bibelot.... Elle sait qu'il va se réveiller et venir les agresser.

La maison est calme. Petite Mademoiselle attend et observe. Tout à coup, sans prévenir, il bondit. Gros, gras, pesant, l'affect a surgi de sa cachette et les attaque. Un énorme chat langoureux, qui ronronne et vient, caressant, voluptueux, mielleux, tendre, se frotter à eux avec ardeur. Il les cajole, les câline, les bichonne, les embrasse, les enlace, les dorlote. Statufiée depuis longtemps, Petite Mademoiselle ne bouge pas. Elle aimerait bien caresser ce matou dodu, se blottir, se pelotonner contre lui, se réfugier dans ses poils doux et soyeux. Une peluche vivante. Mais voilà, chez Petite Mademoiselle l'affect est banni, refoulé, interdit.

Petite Mademoiselle regarde donc les traits se crisper, les yeux se mouiller, les bouches se fermer, la pâleur, la rougeur envahir les visages. Ses parents se sont raidis, immobilisés, figés. Surtout ne pas tomber dans le piège. Surtout ne pas se laisser absorber, envahir, emporter, spolier par cette tendresse, cette affection, cet amour.

L'affect continue son attaque. Il rebondit de mur en

mur, de meuble en meuble, chatouillant, souffletant, titillant, enlaçant à chaque fois une personne. Rien ne bouge. Pas un geste, pas une parole. Il percute, se heurte, se cogne à des statues. Il bute sur du marbre.

Vexé, humilié, offensé, l'affect sort ses griffes. Son attaque se fait agressive. La colère monte. Un coup de patte à droite, un coup de patte à gauche. Une blessure, une plaie, une fracture aux uns, une douleur, une souffrance, un choc aux autres. Et toujours aucune réaction.

Le fauve affect retourne alors dans sa tanière. Le péril s'est éloigné. L'agression est terminée. Chacun dans sa solitude a subi l'intrusion, chacun a affronté l'assaut. Personne n'a partagé. Personne ne s'est exprimé. Chacun est resté muet. Chacun a ressenti une secousse, une émotion, un bouleversement dont il ne parlera pas. Tout cela a laissé une empreinte, une trace que chacun repoussera, enfermera, camouflera dans sa fosse à refoulements.

Chez Petite Mademoiselle, seule la raison a de l'importance. L'affect doit être chassé, rejeté, écarté, repoussé. Chez Petite Mademoiselle, on est des êtres raisonnables brandissant des pancartes « Attention, l'affect arrive. Fuyons ».

Les yeux de sa mère

Ils la regardent ? De temps en temps. Ils l'observent ? Rarement. Ils se posent sur elle avec amour ? Pour ainsi dire jamais. Pourtant, Petite Mademoiselle s'accroche à eux. Elle ne veut surtout pas qu'ils disparaissent. Elle les cherche, les épie, les guette. Lorsqu'enfin elle les croise, elle se focalise sur eux pour y puiser amour et vie. A cet avide besoin, ils répondent par de la froideur, du vide et se baladent sur Petite Mademoiselle en y laissant leurs sinistres empreintes. Elle se sent, tout à coup, recouverte et enveloppée par ce qu'ils lui transmettent : la non-vie. Elle devient une morte-vivante. Elle panique, angoisse, perd pied. Les choses autour d'elle n'ont plus d'existence.

Puis le temps passe, efface les marques, Petite Mademoiselle se ressaisit. Courant toujours après eux, elle repart à leur rencontre. Les ayant retrouvés, à la recherche de son image, elle s'y regarde comme dans un miroir. Mais rien. Pas de reflet, pas de lueur, pas de perception. Petite Mademoiselle ne s'y voit pas, ne s'y retrouve pas. Ils ne lui renvoient pas l'image vivante de la petite fille qu'elle est. Pour eux, elle n'existe pas.

Alors, enfant statufiée, pelotonnée dans sa solitude et son désespoir, elle vit dans le désir qu'ils s'animent enfin, la regardent avec amour pour qu'elle s'y découvre, s'y reconnaisse et se sente vivante. Elle vit dans le désir qu'ils lui transmettent le souffle de la vie, elle, Petite Mademoiselle et ils, les yeux mortifères de sa mère.

Faut pas dire

Faut pas dire. Faut pas dire.

Faut pas dire à ton père que j'ai mis ta médaille en gage.

Faut pas dire. Faut pas dire.

Faut pas dire à ton père que j'ai un amant.

Faut pas dire. Faut pas dire.

Faut pas dire que ta mère et moi divorçons.

Faut pas dire. Faut pas dire.

Faut pas dire que ta mère est partie.

Faut pas dire dire. Faut pas dire.

Chez Petite Mademoiselle, on ne parle pas des choses de sa vie, on n'exprime pas ses sentiments, on n'extériorise pas ses émotions. Seule la raison compte. Souveraine despotique, elle balaie, chasse, écarte sur son passage les peurs, les pleurs, les ressentis. La maison est gorgée, bourrée, inondée de ces non-dits amassés, accumulés, entassés, empilés.

Faut pas dire. Faut pas dire.

Petite Mademoiselle vit avec cette rengaine. Elle s'en imprègne. Elle se construit avec. Elle obéit.

Faut pas dire. Faut pas dire.

Faut pas dire quand elle est malheureuse. Faut pas dire quand elle pleure parce que sa mère l'a abandonnée. Faut pas dire quand elle a peur. Faut pas dire quand elle se sent mal aimée. Faut pas dire quand elle n'a pas envie de vivre.

Faut pas dire. Faut pas dire.

Petite Mademoiselle ne dit rien. Petite Mademoiselle se tait. Elle a barricadé, cadenassé, verrouillé, sa bouche. De temps en temps, elle ose la desserrer, légèrement, pour laisser échapper un embryon de colère ou de sanglots. Le reste du temps. Rien. Rien. Elle ne dit rien.

Faut pas dire. Faut pas dire.

Petite Mademoiselle absorbe, ingurgite, engouffre tous ses chagrins, ses larmes, ses colères, ses troubles. Elle ne dit rien. Elle vit avec ces monstres visqueux qui se collent à sa cuirasse. Ils grouillent et s'agitent dans son puits sans fond. Quelquefois, l'un d'entre eux s'échappe. Il monte, monte, monte et éclate à la surface en éclaboussant Petite Mademoiselle. Elle continue, cependant, de vivre en conservant précieusement ces affreux compagnons de plus en plus envahissants. Elle ne dit rien.

Faut pas dire. Faut pas dire.

Un jour, il a fallu qu'elle aille les chercher. Devenus énormes, ces horribles compères, ces cruels partenaires pesaient sur sa poitrine, la serraient à la gorge. Ils l'étouffaient. Elle découvrait l'angoisse. Sa seule amie pour l'aider à lutter contre eux, pour l'aider à descendre dans son puits et à les remonter à la surface, fut la psychanalyse. Avec

elle, Petite Mademoiselle a appris à exprimer, à extérioriser
ses douleurs, ses difficultés, ses désarrois, ses inquiétudes.
Elle a appris à : Faut dire. Faut dire.

La balle de ping-pong

Petite Mademoiselle ressemblait à une balle de ping-pong bringuebalée sans ménagement entre sa grand-mère et sa famille.

Etre avec sa grand-mère était un événement privilégié, une circonstance rare dans sa vie de petite fille. Etre avec sa grand-mère était un moment magique qu'elle chérissait et vivait intensément. Elle savourait l'intime relation de ces opportunités. Etre avec sa grand-mère était une rencontre particulière où Petite Mademoiselle se sentait exister pour elle-même. Enfin, quelqu'un s'intéressait à ce qu'elle faisait, à ce qu'elle était, sans la critiquer, sans la démolir. Etre avec sa grand-mère était un rendez-vous précieux qu'elle affectionnait. Quelqu'un la félicitait, était fier d'elle et le lui disait. Quelqu'un l'encourageait dans ce qu'elle faisait, la rassurait, l'aimait tout simplement pour ce qu'elle était.

Mais voilà! Cette grand-mère était dénigrée, ridiculisée, décriée par la famille. Elle était paresseuse. Elle n'avait pas de goût. Elle était bête, malveillante, médisante. Elle était jalouse, envieuse, cupide.

Lorsque la balle de ping-pong était côté famille, Petite Mademoiselle entendait ces reproches, ces réprimandes, ces critiques. Elle ne défendait pas sa grand-mère. Elle n'osait pas désapprouver ses parents. Petite Mademoiselle restait muette et finissait par estimer que la famille avait raison. Cette grand-mère était bien comme ils la décrivaient sournoise, avide, calomnieuse. A ses yeux, elle devenait une femme méchante qui critiquait sa mère. Sa mère qui les implorait : « Défendez-moi. Défendez-moi, mes enfants ». Petite Mademoiselle enregistrait le message et se mettait à désavouer ce que faisait sa grand-mère. Elle détruisait ainsi tout ce que cette grand-mère lui avait permis de créer, de bâtir, d'élaborer en elle. Elle défaisait, cassait, détériorait ce qu'elle avait construit, ce qui lui avait permis de se réaliser. Elle redevenait cette petite fille façonnée par ses parents. Elle se précipitait, elle s'engouffrait, elle tombait dans leur moule.

Lorsque la balle de ping-pong rebondissait et qu'elle se retrouvait côté grand-mère, toutes ces diatribes, toutes ces attaques, tous ces quolibets s'estompaient. Le moule se brisait, et Petite Mademoiselle redevenait la petite fille qu'elle sentait vivre en elle. Elle se reconstruisait. Elle effaçait, neutralisait ce qu'elle avait entendu et accepté de ses parents. Envolées les injonctions, les directives, les recommandations. Petite Mademoiselle se délestait, se soulageait, se déchargeait du poids des mots, du fardeau des phrases. Elle sentait un bien-être l'envahir, une détente l'apaiser, une créativité se développer. Elle devenait artiste. Elle créait. Elle devenait auteure de son moi. Dans ce lien, dans cette complicité, elle puisait réconfort, protection, confiance, force. De sa grand-mère, elle soutirait, elle arrachait une assurance, une certitude de l'image d'elle-même. Elle était bien une petite fille.

Mais la balle de ping-pong était renvoyée vers la famille. Petite Mademoiselle retrouvait et reprenait le moule. La petite fille qu'elle était s'affaiblissait, se démantelait, se démolissait. Petite Mademoiselle devait attendre que la balle de ping-pong rejoigne sa grand-mère pour pouvoir réparer, replacer, restaurer cette petite fille.

Les années passèrent, la balle a continué à passer de la grand-mère à la famille, de la famille à la grand-mère. Elle ne s'est jamais arrêtée. Elle n'a pas su se poser, s'affirmer. Elle a pris des coups. Elle est déformée, cabossée, fatiguée. Mais à l'intérieur, elle a gardé ce que sa grand-mère lui avait apporté. La féminité. La conviction d'être une fille.

LES FAITS MARQUANTS

Sa naissance

Auprès d'une jeune maman venant d'accoucher de son premier enfant, trois femmes regardent le nouveau-né tenu à bras le corps par une sage femme. L'ambiance est glaciale, le silence est pesant. Pas d'excitation, pas d'exclamation, pas d'exaltation, pas d'expression sur les visages pour extérioriser la joie, le bonheur, l'émerveillement de la naissance. Statues de marbre. Pas de sourire aimant de la jeune maman pour son enfant. Pas de mouvement pour le prendre dans ses bras. Indifférence. Pas de présence du papa. Absence.

Ce nouveau-né est Petite Mademoiselle. Cette naissance est la sienne. Elle le sait.

Lorsque les clichés de ce moment délicat de sa vie se manifestent, Petite Mademoiselle éprouve un sentiment de malaise, de vide, d'angoisse, de non-être. Son corps s'assèche. Son cœur se serre. Ses membres semblent ne plus avoir de vie. Elle voit ce bébé arraché à sa mère. Elle ressent sa souffrance d'être nu, sans protection, sans relation. Elle porte sa détresse de se trouver rejeté par cet être avec lequel il ne faisait qu'un. Elle reconnaît son désarroi de ne pas savoir ce qui lui arrive. Elle perçoit ce bébé statufié comme les personnes présentes. Il retient ses pleurs et engloutit dans son corps tous ces sentiments de panique, de terreur, d'affolement, d'épouvante, de solitude, d'abandon. Elle capte sa demande inaudible d'être réconforté, rassuré, rasséréné. Elle se saisit de son désir d'être en contact avec sa mère pour sentir sa chaleur bienfaisante se verser, se répandre dans son petit corps et l'inonder de vie. Elle s'approprie les besoins premiers de ce corps dénudé, apparu paumé dans un monde inconnu.

Petite Mademoiselle sait intimement qu'à sa naissance elle n'a pas reçu les bases originelles, primordiales à son développement et au cours ultérieur de sa vie. Pour sa première expérience existentielle, elle collectionna les manques. Elle fut privée de contact charnel, d'acceptation, de reconnaissance, de tendresse, d'affection, d'amour. Sa mère l'a accueillie avec amertume, froideur, détachement, voire désamour et rejet. Petite Mademoiselle n'était pas le bébé dont sa mère avait rêvé. Elle n'avait rien pour lui plaire. Elle était une fille et ressemblait à sa grand-mère paternelle. Elle était la fille désirée de son père et de ses parents. Sa mère ne pouvait que l'écarter, l'éloigner d'elle et l'inscrire instantanément dans le camp de la belle famille.

Cette inacceptation maternelle pouvait être minimisée par une acceptation paternelle. Cette vacuité émotionnelle pouvait être comblée par un autre amour. Pour Petite Mademoiselle ce troc était impossible. Son père était absent à sa naissance. Le trou restait vide, cruel, angoissant. La vie se présentait à elle comme un désert affectif.

Petite Mademoiselle porte en elle ce ressenti primitif de nouveau-né carencé. Elle a conservé cette première panique, cette première frayeur, ce premier sentiment d'abandon maternel, cette première perception de ne pas plaire.

Elle a gardé cette image d'une mère mortifère face à un nouveau-né ayant en lui une immense volonté de vivre.

Les pleurs du bébé

Une pièce sombre aux murs noircis par le temps. Une fenêtre. Une unique fenêtre avec des doubles rideaux ne laissant pénétrer qu'un fragile rayon de lumière. Des doubles rideaux, en velours bordeaux, tombant lourdement et plombant l'ambiance pesante de cette pièce. Une salle à manger ? Peut-être. Un salon ? Possible. Dans un coin, un berceau et un bébé qui pleure. Un bébé emmailloté dans un épais lange en coton, fermé par une grosse épingle à nourrice. Un berceau oppressant. Le bébé pleure, pleure, pleure. Il ne peut bouger que ses bras et sa tête, tout le reste de son corps est emprisonné dans ce lange. Et il pleure, pleure, pleure.

La maison semble vide de vie. Personne ne s'approche du berceau pour calmer, consoler ce nourrisson. Personne ne s'inquiète de savoir s'il a trop chaud, s'il a mal, s'il a faim, s'il a soif. Personne ne semble se préoccuper de sa présence. Mais où est sa maman ? Pourquoi n'entend-elle pas ses sanglots ? Pourquoi ne vient-elle pas ? Il aurait tellement besoin d'elle, tellement besoin de sentir sa présence, de respirer son odeur. Il aurait tellement besoin d'elle pour le rassurer, le réconforter, le tranquilliser, pour le délivrer de cette peur de se trouver seul dans une pièce qu'il ne connaît pas. Se blottir, se pelotonner, se réfugier dans ses bras réconfortants, protecteurs, bienfaiteurs, apaiserait, adoucirait sa souffrance. Se plonger dans les yeux de sa maman et voir son sourire lui redonneraient vie.

Et il pleure, pleure, pleure.

Ses pleurs se sont transformés en cris. Et toujours, ce silence, ce vide, ce noir. Et toujours cette absence de contact charnel, cette carence de caresses reconstituantes. Ce bébé va s'étouffer. Il se perçoit seul sans aide, sans force, ne pouvant ni bouger ni remuer. Sa maman ne s'alarme pas de ses vociférations, de ses braillements. Il est ignoré, délaissé, esseulé. Il n'intéresse personne. Il se sent perdu. Il va mourir emmailloté dans cette camisole de force.

Ce bébé, c'est Petite Mademoiselle. Elle vient de faire la triste expérience d'être seule, sans sa mère, dans un moment de panique. Elle vient de découvrir que ses appels au secours, ses plaintes ne servaient à rien. Un immense vide, une énorme angoisse se sont installés dans son cœur de bébé.

Petite Mademoiselle gardera le souvenir de ces pleurs. Elle entendra toujours le bébé gémir. Elle n'arrivera pas à combler le gouffre de l'absence. Elle ne pourra pas se délivrer de la phobie d'être seule avec l'impression de mourir.

La poupée à tête d'orange

Lorsqu'elle l'aperçut au pied du sapin de Noël, débordante de joie Petite Mademoiselle se précipita vers le charmant berceau. Brusquement, elle s'immobilisa et se mit à crier « c'est une poupée à tête d'orange, c'est une poupée à tête d'orange ».

Déconcertés, ses parents se figèrent. Petite Mademoiselle continuait de crier « c'est une poupée à tête d'orange, c'est une poupée à tête d'orange ». Stupéfiés, médusés, désemparés, ils la regardaient sans comprendre et assistaient, muets, à ce spectacle. Considérant que le berceau sans poupée était triste, ils en avaient confectionné une avec des tombées de tissus et une orange. Cette idée leur avait paru originale et amusante. Pourquoi leur fille se comportait-elle ainsi ?

Petite Mademoiselle s'était éloignée du berceau. Sa mère avait pris la poupée. Petite Mademoiselle la regardait, épouvantée, terrifiée, apeurée. Un tas de chiffons. Un tas de chiffons, inerte, qui pendouillait, accroché à une orange. Pas de bras, pas de mains, pas de jambes, pas de pieds. Sous les morceaux de tissus, le vide. Rien de solide, de ferme. Rien de concret, de palpable. Rien à toucher, à embrasser, à caresser. Un corps sans consistance. Un corps en lambeaux. Et cette tête ? Une orange! Ce n'est pas une vraie tête. Pas de cheveux. Un crâne rasé. Pas d'yeux, pas de nez, pas de bouche. Des trous. Des trous pour les yeux, le nez, la bouche. Une tête. Une tête de mort. Une tête de mort posée sur le néant. Cette poupée était pire qu'un cadavre. C'était la non-existence. L'angoisse poussée à l'extrême. L'ultime non-vie et non-être.

Petite Mademoiselle imprima en elle cette image de poupée à tête d'orange. Quand elle l'évoquait, sa famille se moquait d'elle. Ses parents n'avaient pas compris son trouble, son désarroi, sa panique. Ils ne l'avaient pas rassurée, tranquillisée, apaisée. Ils ne l'avaient pas prise dans leurs bras pour lui redonner vie. Elle avait été seule, toute seule pour ce triste Noël. Personne n'avait entendu son cri « Une poupée à tête d'orange, une poupée à tête de mort ». Personne n'avait entendu sa détresse « Dites-moi que j'existe. Dites-moi que je suis vivante. Dites-moi que j'ai un corps, un vrai corps que l'on peut toucher, caresser. Dites-moi que je ne suis pas comme cette poupée, une tête de mort sur un corps qui n'est rien, sur un corps qui n'existe pas ».

La faute de Petite Mademoiselle

Petite Mademoiselle est là, dans la cuisine. Assise par terre, appuyée contre le mur, recroquevillée sur elle-même, elle observe la scène qui se passe devant elle. Au-dessus de l'évier, sa mère tient dans ses bras son petit frère évanoui. Il ne bouge plus, il ne respire plus. Affolement. Son père le gifle. Sa mère lui met de l'eau sur le visage. Son petit frère ne bouge toujours pas, ne respire toujours pas, ne réagit pas. Panique, terreur. Son père s'énerve. Il engueule Petite Mademoiselle. C'est de sa faute si son frère est presque mort. C'est de sa faute s'il ne vit pas. C'est de sa faute, de sa faute, de sa faute, car elle lui a refusé le jouet qu'il voulait.

Petite Mademoiselle a peur, très peur. Elle est toute seule devant cette scène affreuse où son père gifle, gifle et gifle ce petit frère qui ne remue toujours pas, où sa mère, muette, lui passe, passe de l'eau sur le visage. Dans sa tête raisonnent ces cris : c'est de ta faute, c'est de ta faute, c'est de ta faute. Petite Mademoiselle est horrifiée, pétrifiée, épouvantée, paniquée. Elle ne peut ni bouger, ni pleurer, ni crier, ni parler. Elle cache son visage dans ses mains pour ne pas voir.

Personne ne s'intéresse à elle, personne ne la rassure, personne ne la réconforte. Personne. Personne. Même pas un regard ou un sourire aimant de sa maman. Petite Mademoiselle est toute seule. Toute seule pour se persuader que son petit frère ne va pas mourir, qu'il va se ranimer, respirer. Toute seule, toute seule, pour se protéger de l'engueulade de son père. Toute seule, pour se réconforter et dire que c'est injuste. Non. Ce n'est pas de sa faute. Elle n'est qu'une petite fille voulant jouer avec ses poupées, comme les autres petites filles. Mais, c'est interdit, car son papa se met en colère. Alors, elle s'amuse avec son frère. Comme tous les enfants, elle a le droit de refuser de prêter son jouet.

Le petit frère reprend enfin sa respiration. Père et mère quittent la cuisine avec lui. Ils ne se préoccupent pas de Petite Mademoiselle. Pas un geste, pas un regard. Elle reste seule, assise par terre. Elle ne peut pas bouger. Elle est devenue une statue. Ses parents ne viennent pas la câliner, ils ne s'inquiètent pas de savoir qu'elle a eu peur, très peur.

Petite Mademoiselle a envie de disparaître, de ne plus vivre. Elle n'est pas belle, c'est pourquoi son papa et sa maman ne l'aiment pas. Elle n'est rien pour eux. Seule compte la vie de son petit frère. Sa vie à elle ne les intéresse pas.

Un embryon de prise de conscience de cette différence naît en elle. Elle ne sait pas encore qu'elle vient de s'offrir l'angoisse de la mort et la culpabilité. Dur, dur pour une petite fille de quatre ans.

Le départ de sa mère

Petite Mademoiselle s'était vêtue de ses plus beaux habits, ceux des jours exceptionnels. Elle était invitée chez sa grand-mère avec son père et son frère. Cela ressemblait à un jour de fête.

Pourtant... Pourtant... Pouvait-on parler de fête, le jour où sa mère partait ? Le jour où elle quittait sa famille pour aller vivre avec la femme dont elle s'était amourachée. Pouvait-on parler de fête, le jour où cette maman n'hésitait pas à tout laisser, à tout abandonner pour suivre son amante? Un formidable amour. Un amour démesuré, plus grand que celui qu'elle avait pour Petite Mademoiselle.

La journée chez sa grand-mère se passa normalement, c'était courant que sa mère ne vienne pas avec eux. Petite Mademoiselle ne se rendait pas encore compte de son départ. Personne n'en parlait.

Le soir venu, ce fut le moment de rentrer. Arrivée près de la villa, le cœur de Petite Mademoiselle se serra, sa gorge se noua, les larmes maquillèrent ses yeux. Elle commençait à comprendre ce qui lui arrivait. Elle avait espéré que, peut-être, sa mère reviendrait sur sa décision. Mais non, la maison était bien fermée. Petite Mademoiselle ouvrit la porte. Entra. Rafale. Giclée. Eclaboussure. Elle prit en pleine figure le vide de l'absence. Pas de bruit. Pas de repères. Pas de mère. Le néant lui sautait à la gorge. Le manque, la privation, la pénurie débordaient de partout. La tête lui tournait. Les meubles, les objets semblaient ne plus avoir d'existence. Ils étaient là, inertes, froids. Ils n'avaient plus histoire, d'aventure à lui raconter. Ils étaient devenus des souvenirs. Petite Mademoiselle sentait le souffle de la vie s'échappait peu à peu de son corps. Elle s'asséchait, se vidait, se tarissait de la réalité. Elle aurait aimé crier, manifester sa peine, sa tristesse, mais impossible. Personne n'était là pour l'entendre, pour la consoler. Seule. Elle était seule. Elle s'ankylosait, se pétrifiait, se statufiait.

Petite Mademoiselle cherchait à se raccrocher à quelque chose de sa mère pour se prouver qu'elle était bien vivante, qu'elle existait encore. Mais à quoi ? Elle ne savait pas comment sa mère était partie. Rien. Le trou noir. Pas de valises. Pas de sacs. Un simple baiser le matin comme si de rien n'était. Petite Mademoiselle pouvait-elle croire que sa mère allait vraiment les quitter ? Elle ne l'avait pas vue partir, elle ne l'avait pas accompagnée au train, elle ne lui avait pas dit au revoir. Aucune image concrète du départ de sa mère.

Et où allait-elle ? Elle ne le savait pas non plus. Partie s'en laisser d'adresse. Petite Mademoiselle ne pouvait pas se représenter sa mère vivant quelque part. Aucune image concrète de l'endroit où elle allait habiter. Personne ne savait ni comment ni où. Sa mère s'était volatilisée. Une méchante fée, d'un coup de baguette magique, l'avait enlevée et transformée en mystère. Horrible, insupportable, effrayant pour Petite Mademoiselle qui n'avait rien pu affronter, rien pu toucher de concret dans cette situation d'abandon. C'était une disparition incroyable dont il ne fallait rien dire, une disparition insolite qu'il fallait taire. Une nébuleuse qui semait la confusion, le trouble et le mal-être. Petite Mademoiselle était devenue une petite fille sans maman, une petite fille dont la mère s'était évanouie, mais n'était pas morte. Mais où était-elle alors ? Reviendrait-elle ? Petite Mademoiselle la reverrait-elle un jour ? Elle songea qu'elle aurait préféré que sa mère soit morte. Elle aurait pu pleurer, elle aurait pu en parler, elle aurait su où sa mère était. Elle aurait connu l'endroit où aller lui rendre visite.

Les voix de son père et de son frère lui demandant de s'occuper d'eux la sortirent de sa prostration. Ils étaient le concret. Ils étaient sa nouvelle réalité. Petite Mademoiselle prit conscience qu'en partant, sa mère lui avait offert un superbe présent : sa place. Elle allait devoir la remplacer. Triste, mais retenant ses larmes, Petite Mademoiselle quitta ses beaux habits. Elle se vêtit des haillons de Cendrillon et se mit à préparer le dîner. En quelques heures, sa vie avait basculé.

L'autoroute de l'angoisse, des phobies, du faux-self était tracée.

SA FAMILLE

La petite femme

C'était une petite femme. Elle avait une beauté cachée, une intelligence modeste, un goût incertain. Elle s'habillait en bleu et blanc. Les couleurs de la Vierge. Tous les dimanches, elle assistait à la messe, achetait des gâteaux et déjeunait chez Petite Mademoiselle. Le rituel qui enjolivait sa vie, le rituel qui comblait sa solitude de veuve.

Une fois par mois, elle allait chez le coiffeur. Toujours la même permanente. Toujours la même coiffure. Toujours les mêmes frisettes. En changer aurait perturbé sa vie où tout était réglé, réglementé, fixé, calculé. Une vie sans fantaisie. Une vie où l'inconnu n'avait pas de place, où le non prévu était perturbant, déstabilisant, angoissant.

Elle était fourmi. Elle avait appris à l'être dans son enfance sans mère, avec un père instituteur, seul avec ses quatre filles, dans sa jeunesse, quand la mort lui vola ses deux jeunes sœurs, dans sa vie de femme, quand cette guerre la laissa seule, loin de son mari. Elle avait appris à l'être dans sa vie remplie de manques.

Elle avait manqué d'affection maternelle, de reconnaissance, d'estime d'elle-même. Elle avait manqué de rêves. Elle n'osait pas gaspiller, dilapider, dépenser. Elle économisait. Elle cachait sous son matelas son argent épargné. Elle pouvait le voir, le toucher, le compter. Elle se rassurait. Elle possédait.

Elle tricotait ses pull-overs. Un divertissement lui permettant de créer, de se réaliser, d'être. Un rare plaisir lui apportant légèreté et désinvolture. Un petit souffle de liberté lui offrant fantaisie et autonomie.

Elle était nostalgique. Elle pleurait le temps d'avant, le temps où elle était jeune. Elle regrettait ce temps où les familles étaient unies, où les enfants respectaient leurs parents. Elle critiquait ce monde moderne qui allait trop vite, ces peintres dont la peinture ne ressemblait à rien. Elle désapprouvait tout simplement sa vie.

Elle aurait aimé avoir une fille, mais son destin fut de donner naissance à un garçon. Elle reporta ce désir et cet amour sur sa petite fille.

C'était une petite femme. Elle avait une beauté cachée, une intelligence modeste, un goût incertain. Elle était la grand-mère paternelle de Petite Mademoiselle. Cette grand-mère chez qui elle recueillait de l'affection, de la compréhension, de l'estime.

L'être bipolaire

Ses yeux bleu-vert vous attirent et vous renvoient l'image d'un homme autoritaire, cinglant, angoissé, qui peut aussi se montrer doux, généreux, joyeux. Il effraye ou fascine, et peut par son simple regard vous foudroyer ou vous émouvoir.

Lorsque les choses de la vie paraissent simples, que l'harmonie et l'équilibre enveloppent les êtres, Petite Mademoiselle découvre un homme séduisant, prévenant, bienveillant. Il la charme, la berce et la prend doucement dans ses pattes de velours. Séduite, Petite Mademoiselle ne résiste pas et ne se lasse pas de l'écouter lui réciter des poèmes, lui parler théâtre, philosophie, psychanalyse. Les vernissages, les soirées littéraires, les concerts, les visites de musée sont pour elle des bouffées de joie. Les voyages qu'il organise nourrissent sa curiosité, sa culture, sa connaissance des autres. Elle s'enrichit des rencontres que le hasard lui propose au cours de ces périples. Moqueur, taquin, blagueur, il l'entraîne dans ses moments de délire. Petite Mademoiselle se prête volontiers au jeu et devient sa complice pour d'incroyables fous rires. Elle est heureuse. Elle savoure d'être avec cet homme moderne, original, cultivé qui lui donne le goût de vivre. Mais l'orage n'est pas loin.

Un mot prononcé, une perception, un quelque chose que Petite Mademoiselle n'a pas remarqué et le tonnerre commence à gronder. La tempête n'est pas loin. La tornade arrive. L'homme merveilleux se métamorphose en bête terrifiante. La maison raisonne de ses cris. Il casse, cogne, brutalise ce qu'il trouve sur son passage. Terrifiée, Petite Mademoiselle se recroqueville dans un coin. Elle voudrait partir, ne pas assister à ce spectacle, ne pas vivre ce cauchemar. Elle se sent perdue. Elle est dans un autre monde. Le monde de la terreur, de l'anormal, de la folie. Elle a peur. Qu'arrive-t-il à cet homme ? Puis la bourrasque s'éloigne, le calme revient comme si rien ne s'était passé.

Cette ambivalence, la peur et la joie, cette incertitude, la terreur ou le bonheur, déstabilisent Petite Mademoiselle. Elle se construit sur du sable mouvant entretenu par un être bipolaire. Son père.

Le yoyo

Coucou, tu me vois. Eh hop! Tu ne me vois plus.

Coucou, je suis là. Eh hop! J'ai disparu.

Je suis yoyo et je suis ta mère.

Coucou, tu me vois. Coucou, je suis là. Je suis enceinte de ton frère. Eh hop! Tu ne me vois plus. Eh hop! J'ai disparu. Je suis à Paris, et toi à Antibes chez tes grands-parents paternels. Il faut que je me repose. C'est fatigant de s'occuper de toi.

Je suis yoyo et je suis ta mère.

Coucou, tu me vois. Eh hop! Tu ne me vois plus.

Coucou, je suis là. Eh hop! J'ai disparu. Je suis allée me promener avec ton frère, et je t'ai confiée aux ouvrières de ta tante. Tu aimes les regarder faire des chapeaux.

Je suis yoyo et je suis ta mère.

Coucou, tu me vois. Et hop! Tu ne me vois plus.

Coucou, je suis là. Et hop! J'ai disparu. Je suis partie à Paris avec la femme que j'aime. Je t'ai laissée seule pour t'occuper de ton père et de ton frère.

Je suis yoyo et je suis ta mère.

En jouant ainsi à cache-cache avec sa mère, Petite Mademoiselle n'a pas pu s'identifier à elle. Elle n'a pas pu s'approprier ce modèle. Chaque fois qu'elle amorçait une construction, et hop! Le prototype disparaissait, et la faible ébauche de l'édifice s'écroulait. En jouant ainsi avec sa mère, Petite Mademoiselle n'a pas pu intégrer dans son moi intérieur, n'a pas pu intérioriser une image maternelle rassurante. Elle ne s'est pas remplie de vie, de sécurité, de quiétude. Petite Mademoiselle est inhabitée. Elle est vide. Chaque fois, qu'elle entreprenait de garnir cette vacuité, de peupler ce gouffre angoissant lui interdisant d'être autonome, et hop! La disparition de sa mère ouvrait une trappe par laquelle s'échappaient les repères, l'assurance, la sureté, la confiance en soi. A leur place se précipitaient et s'installaient l'inquiétude, la peur, l'anxiété, la détresse.

Petite Mademoiselle vécut dans l'espoir que le fil du yoyo se casse. Elle espérait que sa mère lui dise « Coucou, je suis là. Coucou, tu me vois. Coucou, je ne pars pas, je reste avec toi ». Elle aspirait à ce que sa mère s'occupe d'elle, la protège, l'accompagne et l'aide à se créer, se réaliser, à être.

Le fil ne s'est pas cassé, le yoyo a continué et Petite Mademoiselle a gardé son désert intérieur.

Un jour, le fil a fini par se rompre. Mais sa mère n'est pas restée. Elle avait encore disparu. Pour toujours. Elle était morte.

Coucou, tu me voyais. Et hop! Tu ne me verras plus.

Coucou, j'étais là. Et hop! J'ai disparu à jamais.

Je suis devenue un souvenir.

J'étais yoyo et j'étais ta mère.

La modiste

Elle s'était fait un nom dans ce monde de la mode. Il s'étalait en grosses lettres sur son immense balcon. Enfant, elle l'avait imaginé lorsqu'à la mort de sa mère, elle s'était retrouvée seule. Elle avait comblé ce vide par ses rêves de réussite. Adulte, elle les avait réalisés. Elle en avait fait un principe : il suffit de les rêver pour qu'une ambition, un désir s'accomplissent. Elle était la sœur de sa grand-mère. Elle était la grand-tante de Petite Mademoiselle,

Femme de caractère, elle régentait les siens comme elle dirigeait sa petite entreprise de chapeaux. Voulant les protéger, les aider, leur faciliter l'existence, elle s'immisçait dans leur vie, se mêlait de leur histoire, intervenait dans leurs choix.

Elle avait besoin d'être aimée, d'être entourée. Généreuse araignée, elle tissait une immense toile avec ses cadeaux et ses largesses. La famille s'y laissait facilement prendre et devenait prisonnière de cette bienfaisante mygale aux fils d'or.

Elle avait une vénération pour son neveu, le père de Petite Mademoiselle. Il meublait, il remplissait ce trou béant laissé par une maternité impossible. Tous les deux s'étaient attachés, ligotés, sanglés avec une lourde chaîne. Seule la mort pouvait briser cette incroyable attache. Pour elle, les choses de la vie se passaient autour de ce neveu. Il était le but de son existence. Elle le plaignait. D'avoir une mère comme sa sœur, de ne pas avoir réussi comme il aurait dû, de ne pas avoir de chance, de manquer d'argent. Son destin était de s'occuper de lui. Enfant malheureux, elle l'avait aidé. Adulte éprouvé, elle continuait de l'assister.

Elle avait entraîné Petite Mademoiselle dans cette aventure. Petite fille intelligente, sérieuse, responsable, elle devait prendre soin de son père, ne pas le laisser tout seul, l'empêcher de divorcer. Petite Mademoiselle avait pris à bras le corps cette sollicitation. Elle avait balayé ses envies, ses rêves, elle s'était effacée. Elle avait pour mission de se vouer à son père.

A côté de ces dictats, cette grand-tante plongeait Petite Mademoiselle dans un monde de chimères. Elle lui parlait souvent de son histoire. Un exemple à suivre. Elle considérait que la même chance, le même succès arriveraient à Petite Mademoiselle. Elle lui prédisait un avenir brillant. Petite Mademoiselle était chanceuse, elle serait célèbre, épouserait un homme riche… Petite Mademoiselle fantasmait sur sa destinée et sa réussite. Un conte de fées auquel elle se cramponnait, s'agrippait, se suspendait quand son existence devenait trop pénible. Petite Mademoiselle avançait, ainsi, dans sa vie de petite fille, en s'appuyant sur ces simulacres, ces utopies, ces spéculations romanesques. C'étaient ses béquilles.

Elle était modiste. Elle s'était fait un nom dans ce monde de la mode. Elle était la grand-tante de Petite Mademoiselle. Cette grand-tante qui offrit à Petite Mademoiselle les matériaux pour se construire, mais lui procura, aussi, ceux pour se détruire en la berçant d'illusions et en enveloppant ses rêves d'un joli papier d'injonctions.

LES REACTIONS

DE

PETITE MADEMOISELLE

A quoi ça sert

A quoi ça sert que Petite Mademoiselle pleure ?

A quoi ça sert qu'elle montre sa douleur, son mal de vivre ?

A rien.

Cela ne sert à rien.

A quoi ça sert que Petite Mademoiselle efface ses envies, qu'elle se gomme et s'oublie ?

A quoi ça sert qu'elle se montre gentille ?

A rien.

Cela ne sert à rien.

A quoi ça sert qu'elle raconte ses projets, ses souhaits, ses espoirs ?

A quoi ça sert qu'elle veuille améliorer sa vie ?

A rien.

Cela ne sert à rien.

Aux yeux des autres, Petite Mademoiselle est toujours cette petite fille orgueilleuse, égoïste, autoritaire, jalouse, capricieuse. Ses efforts, pour arracher de son dos l'étiquette erronée que sa famille lui a collée, restent vains.

Elle s'épuise à lancer des fusées de détresse, à émettre des appels au secours. Elle se flétrit de revendiquer d'être reconnue et acceptée telle qu'elle est. Elle s'essouffle. Elle s'isole. Elle se recroqueville et accumule, amasse, empile, dans sa coquille, tous ces « A rien ».

Au fil des ans, ils ont tapissé son inconscient, agrandi son désert intérieur, étouffé sa confiance en elle. Ils ont gonflé son impression de ne pas être intéressante, attirante, attachante. Ils l'ont encouragé à ne pas s'aimer, à rester ce petit cygne noir aux ambitions et aux rêves emprisonnés. Ils ont tissé son sentiment de détresse, favorisé sa conviction d'être inutile, gavé son envie de disparaître.

A quoi ça sert que Petite Mademoiselle vive ?

A rien.

Cela ne sert à rien.

Son enterrement

Lorsque Petite Mademoiselle recevait trop de gifles émotionnelles, lorsqu'elle subissait trop d'agressions affectives, lorsque son corps se pliait, lorsqu'elle le sentait se dérober, lorsque ses jambes ne la portaient plus, lorsque sa tête bourdonnait, elle s'étendait sur son lit et rêvassait pour soulager ce corps blessé. Elle fuyait sa vie. Ne plus supporter toutes ces attaques gratuites, ne plus tolérer toutes ces injustices, ne plus endurer tout ce mal, tous ces coups bas. Ne plus lutter pour être comprise et acceptée, ne plus s'acharner, s'entêter à vouloir effacer cette image de méchante petite fille. Ne plus faire tous ces efforts pour rien. Ne plus être exposée aux regards des autres. Disparaître. Ne plus vivre.

Dans sa rêverie, Petite Mademoiselle visualisait son enterrement. Elle s'imaginait seule dans son cercueil, entourée de ce beau monde qui l'avait jalousée, méprisée, attaquée. Toute de blanc vêtue. Le corps apaisé. Les yeux mi-clos. Somnolente, mais morte aux yeux des autres, elle trônait au milieu de cette assemblée, de ces individus qui n'avaient pas su la regarder, pas su la considérer comme une simple petite fille ne demandant qu'à être aimée comme une enfant.

Elle flairait des parfums connus, elle devinait certaines odeurs corporelles, elle percevait les respirations lorsque toute cette assistance défilait et s'inclinait vers elle. Elle entendait leurs plaintes, leurs gémissements. Elle écoutait leurs sanglots. Elle voyait sur leurs visages tristesse, chagrin et consternation. Elle les contemplait prostrés, accablés, écrasés par sa mort. Elle remarquait tourment, malaise, peine dans leurs airs, leurs attitudes, leurs manières d'être. Ils la pleuraient.

Princesse dans son linceul, Petite Mademoiselle savourait ce sublime, ce prodigieux, ce fabuleux, cet inhabituel moment de bonheur. Les autres ne pensent, ne s'intéressent qu'à elle. Enfin, elle avait l'exclusivité. Enfin, elle connaissait le plaisir d'être leur unique préoccupation. Enfin, elle existait pour eux. Ils la regardaient. Ils prenaient conscience de ce qu'elle était. Ils s'apercevaient de ce qu'elle leur apportait. Ils comprenaient ses comportements. Ils avaient des remords. Ils regrettaient de l'avoir mal jugée, de ne pas l'avoir comprise, de ne pas l'avoir accueillie en enfant. Ils étaient affligés, désespérés, déchirés d'avoir ignoré sa détresse, ses difficultés, sa souffrance. Ils déploraient de ne pas avoir entendu et répondu à ses demandes. Ils se découvraient coupables.

Petite Mademoiselle se nourrissait de ces images. La mise en scène de son enterrement atténuait, compensait, réparait les dommages, les dégâts, les casses affectives qu'elle endurait. Morte, elle devenait vivante. Morte, elle existait pour sa famille et les autres. Ils la voyaient, l'observaient, la considéraient. Ils prenaient soin d'elle avec émotion. Ces attentions, ces compréhensions, ces considérations imaginées permettaient à Petite Mademoiselle de panser ses plaies. Elle pouvait se ressaisir, se retrouver et continuer à vivre. C'était sa manière à elle de dire non. C'était sa manière à elle de dire « stop, arrêtez, je ne veux plus de tout cela, je n'en peux plus ». C'était sa manière à elle de se venger.

La honte

Les jours, les semaines, les mois passaient, et la mère de Petite Mademoiselle n'était toujours pas revenue. On lui avait dit qu'elle ne resterait pas longtemps absente. Mensonge. Horrible mensonge.

Quand reviendrait-elle ? Personne ne le savait.

Pendant ce temps, Petite Mademoiselle continuait de s'occuper de son père et de son frère. Avec ses mains d'enfant, elle n'hésitait pas à faire les travaux ménagers. Sa volonté et son extraordinaire sens du devoir lui donnaient cette force. Sa famille ne se tracassait pas de savoir si elle était fatiguée, si ce n'était pas trop pénible pour elle, si cela ne la gênait pas pour ses devoirs scolaires. Elle faisait. Tout allait bien.

Elle ne se plaignait et ne pleurait jamais. Elle avait appris à ne rien dire. A quoi cela aurait-il servi ? Elle avait l'habitude qu'on ne s'attendrisse pas sur son sort et qu'on ne comprenne pas ce qu'elle pouvait ressentir. Une Cendrillon.

Dans son coffre à névrose, elle avait enfoui et caché son sentiment d'abandon, sa tristesse et sa honte. Avoir dû prendre la place de sa mère était pour elle une flétrissure. Elle se percevait comme une enfant anormale, une enfant que l'on montre du doigt. Elle n'osait pas dire et cachait qu'elle s'occupait de la maison. Une petite fille ne fait pas le ménage, la lessive, le repassage, les repas. C'est le rôle d'une maman. C'est le rôle de sa mère, la femme de son père.

Femme de son père. Femme de son père. Cette idée hantait, effrayait, angoissait Petite Mademoiselle. Non. Elle n'était pas la femme de son père. Elle était sa fille. Elle ne pouvait pas se débarrasser de ce refrain encombrant aux mots honteux « femme de mon père, femme de mon père ». Elle luttait pour chasser cette image qui lui collait à la peau. Elle se sentait mal à l'aise avec les autres. Elle était convaincue de porter sur son visage le masque de l'inceste. La honte. La tache. La souillure. La culpabilité.

Sa mère avait bien fait les choses. En partant, elle lui avait offert son manteau de fourrure. Obéissante, Petite Mademoiselle l'avait endossé et posé sur les haillons de Cendrillon. Peau d'âne et Cendrillon. Femme et domestique. Comment se séparer de ce double fardeau ? Comment se dégager de ces faux-selfs ? Comment retirer ce manteau et ces haillons ? Comment se retrouver ? Comment rejoindre, reprendre sa vraie personnalité ?

Un mal-être pour une préadolescente qui n'a pas liquidé son Oedipe.

Et si cette honte était, au fond, un souhait, une envie, un désir de Petite Mademoiselle ?

Le cri étouffé

Crier. Hurler. Rugir. Gueuler au monde la complainte de son mal-être. Brailler la ritournelle de son mal de vivre. Montrer, exprimer son amertume, sa répugnance, son dégoût, sa rancœur. Faire sortir toute cette haine accumulée, massée, coincée dans ce corps rigide comme une armure. Evacuer cette colère enfermée, séquestrée, emprisonnée dans ces membres ankylosés. Libérer ces pleurs retenus, conservés, maintenus dans ce cœur mortifié.

Petite Mademoiselle voudrait le faire. Elle ne peut pas. Elle ne veut pas. L'interdit est là, merveilleusement présent. Entravée, chevillée, paralysée par sa souffrance et la peur des ripostes de sa famille, Petite Mademoiselle n'a pas la force de se rebiffer. Ses membres tétanisés, scellés à ce corps contracté ne peuvent pas effectuer de gestes violents. Ses bras n'osent pas donner de coups de poing. Ses jambes ne se risquent pas à lancer un coup de pied. Ses yeux sont sans larme de crainte d'être noyés par trop de sanglots. Son cœur meurtri, découragé et déchiré, étouffe. Sa bouche ne peut émettre aucun son. Elle s'ouvre et reste muette. Aucune violence ne peut jaillir, déborder, passer par cet orifice. Les mots bloqués, embouteillés, terrifiés, coagulés, stagnent dans sa gorge trop serrée. Son cri de désespoir est coincé, garrotté, neutralisé. Il reste le cri asphyxié. Il reste le cri étouffé.

Les départs

Petite Mademoiselle hait les départs.

Elle vomit ces moments de vie où l'on se sépare, ces événements de l'existence où l'un laisse l'autre. Le train qui part, la voiture qui s'éloigne, la silhouette qui disparaît, le geste de la main, expression de la rupture. La porte qui se ferme, et ce moment pesant où elle sent la présence de l'absence.

Petite Mademoiselle hait les départs.

Elle maudit ces situations où le charnel s'éclipse. L'être est là, présent physiquement, Petite Mademoiselle le touche, le caresse, l'embrasse, lui parle. Et soudain, cette créature commence à dérouler le fil qui la relie à Petite Mademoiselle. La personne s'éloigne lentement, doucement, délicatement. Peu à peu, son apparence change, se transforme. Elle devient moins précise, sa démarche moins distincte. Elle n'est plus qu'une forme lointaine, un contour, une ombre. Puis, un trou noir. Les yeux ne distinguent plus rien. La main palpe, tâte, effleure du vide. Plus de contact, de relation, de connexion. Le manque. La privation. La déchirure.

Petite Mademoiselle hait les départs.

Elle déteste ces instants où elle ne peut s'empêcher de pleurer, de paniquer, d'angoisser. Ces circonstances où elle sent sa poitrine rétrécir, son cœur se comprimer. Elle s'affole, s'effraie, s'épouvante. Elle est convaincue que l'individu parti va mourir, va disparaître à jamais. Elle ne le reverra plus, c'est une certitude.

Petite Mademoiselle hait les départs.

Elle exècre cette séparation qui la plonge dans la détresse de la solitude. Douloureux. Insupportable. Atroce. Il n'y a plus de lien avec la personne partie. Petite Mademoiselle ne sait pas le garder. Elle coupe la longe, détache la corde, rompt la liaison. L'être n'est plus présent, Petite Mademoiselle ne le voit plus. Il n'existe plus. Elle a sectionné l'attache qui les reliait.

Des bisous partout

Des bisous. Des bisous partout. Petite Mademoiselle en rêvait. Des baisers qui glissent sur tout son corps. Des caresses qui l'enveloppent et la protègent. Des bras qui l'entourent, la consolent, la réconfortent. Des doigts qui ébouriffent ses cheveux et lui transmettent la joie de vivre. Une main rassurante qui prend la sienne et la guide dans la vie. Petite Mademoiselle était affamée de ces aliments émotionnels, indispensables à son épanouissement, de cette nourriture essentielle à la genèse de son autonomie. Elle était une boulimique affective.

Son corps était dans le même désir, la même espérance, la même appétence. Il cherchait la rencontre, l'intimité, le contact avec le corps de celle qui lui avait donné la vie. Il mendiait la douceur des effleurements, des câlineries, des étreintes. Il aspirait à ce que la chaleur de cette relation se répande dans tous ses membres pour qu'il vive. Il voulait les sentir se gorger, se gaver, s'inonder d'affection, d'attention, de bienveillance, d'amour. Il revendiquait cette sensation : être vivant et aimé.

Des bisous. Des bisous partout. Petite Mademoiselle et son corps en rêvaient. Tous les deux suppliaient d'être touchés, palpés, cajolés, bichonnés pour être convaincus d'exister. Privés de ces enlacements bienfaisants, écartés de ces accolades généreuses, volés de ces

serrements aimants, ils se sentaient desséchés, secs, taris,
stériles. Des déserts. Ils avaient besoin d'averses, de pluie,
d'oasis affectives pour faire apparaître la vie. Leur vie.

L'AUTRE PETITE MADEMOISELLE

La poubelle

Une poubelle. Etre une poubelle. Etre cette chose aux formes et aux couleurs diverses et variées : petites et roses, rondes et noires, rectangulaires et vertes, grosses et bleues. Etre cet objet caché et enfermé dans des coins sombres, loin du regard des passants. Etre ce truc dégradant qui est là pour recevoir les détritus, les immondices de l'homme. Etre ce ventre énorme dans lequel vont être jetés et entassés épluchures, résidus, déchets, rebuts d'un instant, d'un jour, d'une vie. Etre ce trou qui se remplit des surplus dont l'homme ne veut plus, ne désire plus et se débarrasse après avoir fait sa vidange : pourritures de ripailles, restes d'amours perdus, vestiges de l'enfance, souvenirs encombrants…

Etre cet accessoire immonde, aimé des rats, des chats abandonnés, des chiens errants. Etre cette boîte répugnante, rebutante, méprisable, sordide qu'une main, préposée à cela, tire et laisse devant les domiciles pour que des inconnus viennent, sans ménagement, la vider et la jeter violemment sur le trottoir. Etre ce contenant dégradant, dégoûtant, indigne, dont la seule fonction est d'être rempli et vidé. Pas d'attention, pas de considération, pas de précaution pour ce coffre sale, crasseux, crotté.

Petite Mademoiselle est la poubelle de sa famille. Elle est ce dépotoir indispensable au bien-être de ses parents. Elle prend, amasse, emmagasine ce qu'ils vomissent, ce qu'ils crachent, ce qu'ils régurgitent. Elle est cet immense carton, bien ouvert où il est facile pour eux d'y jeter leurs sacs pleins de regrets, de rancœurs, de jalousie, d'amertume. Elle recueille et empile les problèmes de sa mère : son divorce, son amour pour une femme, son constant manque d'argent, son animosité pour sa belle-mère, sa honte vis-à-vis de sa famille. Elle reçoit et stocke le mal de vivre de son père, sa tristesse camouflée, ses angoisses, ses phobies, ses manies, ses colères. Elle entend et conserve les chagrins de sa grand-mère : se retrouver seule, être mal-aimée, délaissée, mal considérée. Elle encaisse et amoncelle les litanies, les injonctions de sa grand-tante : le père de Petite Mademoiselle est malheureux, il a une mère impossible, il est tout seul, il faut l'aider, Petite Mademoiselle doit l'aider, elle doit empêcher qu'il divorce, Petite Mademoiselle est intelligente, elle comprend, elle doit agir.

Poubelle soumise Petite Mademoiselle ne sait pas fermer le couvercle. Elle tasse, tasse pour faire de la place. Elle comprime pour que sa famille rajoute encore et encore des cabas pleins d'agressivité, de reproches, de critiques. Des sacs remplis des gravats de la destruction de la personnalité et des désirs de Petite Mademoiselle. La poubelle gonfle, gonfle, gonfle. Elle est prête à s'effondrer, à éclater. Toutes ces ordures débordent, dégoulinent, ruissellent le long de ses parois. Et elle continue à recevoir, recevoir, recevoir. Et elle continue à absorber.

Un jour, elle s'est brisée. Elle a explosé. Petite Mademoiselle n'a plus pu supporter tout ce poids, tout ce monticule de dommages, de troubles, de ravages, de dégradations. La poubelle est percée. Des petites ouvertures laissent s'échapper le trop-plein des casses accumulées. Petite Mademoiselle commence à jeter ces débris, ces contrariétés, ces difficultés d'être. Elle se vide un peu. Mais au milieu de ces tas de ruines, elle ne sait pas trier, évacuer, se débarrasser. Elle angoisse.

Les parents de Petite Mademoiselle ont assisté à l'explosion de la poubelle. Ils n'ont rien dit. Ils ne sont pas intervenus. Ils n'ont pas compris. Ils ont conseillé à Petite Mademoiselle de se faire aider par la psychanalyse pour mettre de l'ordre dans ces dégâts éparpillés.

Le temps a passé. Il a restauré la poubelle et effacé le souvenir de son éclatement. La famille de Petite Mademoiselle a continué d'envoyer ses salissures.

Il n'est pas facile de se séparer d'une si belle poubelle.

Déshydratée

Petite Mademoiselle a soif, très soif. Petite Mademoiselle boit. Elle boit pour hydrater cette peau sèche, pour humecter ces yeux sans larme, pour arroser cette bouche pâteuse. Elle boit pour désaltérer ce corps qui demande.

Roseau flétri, fatigué, desséché, Petite Mademoiselle se redresse quand quelques gouttes de pluie l'éclaboussent, l'aspergent, la mouillent. Mais ces gouttelettes ne sont pas suffisantes. Il n'y a pas assez d'eau pour soulager sa souffrance et assouvir ses besoins. Le roseau se fissure et se craquelle à cause d'une trop grande sécheresse.

Petite Mademoiselle a soif, très soif. Elle a soif de compréhension, d'affection, de tendresse. Petite Mademoiselle est déshydratée. Elle est déshydratée d'amour.

Le petit bouton de rose

Une jeune rose se préparait à éclore. Fraîche et bien faite, elle laissait présager une jolie fleur. Un pétale se dégagea, s'étira et sourit. Un deuxième l'imita, puis un troisième, un quatrième... Face au soleil, cette charmante et pétillante corolle resplendissait.

Petite Mademoiselle s'épanouissait.

Mais le temps changea. Le soleil disparut, et une affreuse tempête s'installa. Elle bouscula, agita, perturba, ravagea la nouvelle rose. Ses pétales se froissèrent, se blessèrent, se déchirèrent, et finirent par se refermer. La petite fleur était redevenue bouton. Un bouton chiffonné, tourmenté, mortifié. Un bouton qui n'avait plus de soleil pour le réchauffer, de papillons, d'abeilles pour l'égayer. Un bouton de rose triste, fatigué, éteint.

Petite Mademoiselle avait stoppé son épanouissement. Elle s'était claquemurée.

Un jour, le soleil réapparut, moins chaud, plus distant, plus fier. La rose refleurit. De jeunes pousses se développèrent au milieu des pétales choqués. Parmi eux se trouvait un petit bouton, coincé, immobilisé, enkysté. Un petit bouton crispé qui n'arrivait pas à s'ouvrir et que Petite Mademoiselle vénérait.

La jeune rose a grandi sans libérer ce petit bouton. Il reste cimenté à elle. Il est l'attache que Petite Mademoiselle ne peut pas dégager, le nœud qu'elle ne veut pas défaire. Il renferme son enfance qu'elle n'arrive pas à lâcher. Il détient ses souvenirs pénibles, désagréables, ses vécus douloureux, insupportables dont elle ne veut pas se séparer. En les dissimulant et en les séquestrant dans un blockhaus, Petite Mademoiselle croyait se protéger. Elle était à l'abri de l'orage affectif. Rien ne sortirait pour la faire pleurer, rien ne sortirait pour la rendre malheureuse, mais rien ne sortirait pour la faire grandir, rien ne sortirait pour la rendre autonome.

Rose à demi épanouie, Petite Mademoiselle attend que le petit bouton s'ouvre et grandisse.

Elle n'avait pas l'habitude

Elle n'avait pas l'habitude.

Etre caressée, câlinée, embrassée.

De la tendresse tout simplement.

Elle n'avait pas l'habitude.

Eprouver de la joie d'être entendue, comprise, acceptée.

De la sollicitude tout simplement.

Elle n'avait pas l'habitude.

Etre encouragée, félicitée, complimentée, admirée.

Du réconfort tout simplement.

Elle n'avait pas l'habitude.

Connaître cette gentillesse naturelle qui s'enroule autour de vous, vous prend dans ses bras et vous donne ce bien-être tant attendu.

De la bonté tout simplement.

Elle n'avait pas l'habitude.

Lorsqu'affection, douceur, bienveillance, compréhension tombaient sur elle, Petite Mademoiselle prenait peur. Elle se troublait. Comment cela était-il possible ? Il y avait erreur. Ce n'était pas pour elle. Comment fallait-il se comporter ? Accepter ? En profiter ? Elle ne savait pas faire.

Elle n'avait pas l'habitude.

Elle doutait de la sincérité de ces faveurs. Il y avait forcément une contrepartie. On lui réclamerait un dédommagement et elle regretterait d'avoir succombé à cet élan émotionnel.

Elle devenait agressive, provocante, querelleuse. Cette mansuétude, la chaleur de toute cette générosité, l'effrayaient. Elle ne les supportait pas. Elle fuyait cet affectif qui la brûlait et elle transformait cette relation bienfaisante en conflit.

Elle n'avait pas l'habitude.

ET ELLE DEVINT MADEMOISELLE...

PUIS MADAME...

Les casseroles

Petite Mademoiselle avait accroché à sa personnalité des casseroles de non-dits, de tristesse, d'angoisse, de secrets de famille, de mal de vivre, de faux-selfs, de chagrins. Elle avait passé son enfance à les remplir consciencieusement, méticuleusement, scrupuleusement. Elle avait passé son enfance à les polir, les lustrer, les peaufiner.

Elle en avait fait don à Mademoiselle qui les avait acceptées et qui avait ainsi trimbalé, dans sa vie d'adolescente, ces magnifiques marmites, resplendissantes et prospères. Elles batifolaient, virevoltaient, tournicotaient, tourbillonnaient autour de Mademoiselle. Elles se heurtaient, se cognaient, s'entrechoquaient. Elles s'enroulaient autour d'elle et l'emprisonnaient. Elles l'entravaient et la faisaient tomber. Elles la frappaient et la blessaient. Elles la percutaient et la recouvraient d'ecchymoses. Mademoiselle luttait contre ces envahisseurs, contre leurs attaques et leur bruit incessants. Elle les brutalisait, les contrariait, les cassait, les vidait. Mais la lutte était inégale. Malgré tous ses efforts, Mademoiselle était perdante.

Elle avait donc transmis à Madame, ces cocottes. Rouillées, cabossées, déformées, à moitié vides, à moitié pleines, elles sont toujours présentes. Avec force, elles se cramponnent, s'accrochent à Madame qui a beaucoup de mal à sectionner cette lourde chaîne qui les relie à elle.

La blessure

Petite Mademoiselle a au cœur une affreuse plaie qu'elle ne peut pas cicatriser. Une lésion, une déchirure, un abîme rempli d'un sentiment d'abandon. La carence, le manque, la défaillance de sa mère.

Petite Mademoiselle a grandi. Elle est Mademoiselle. L'entaille s'est élargie. La douleur s'est amplifiée. Le traumatisme est devenu une blessure qui saigne toujours, insupportable, insoutenable, un tourment qui ne quitte pas Mademoiselle.

Mademoiselle a vieilli. Elle est Madame. La souffrance a évolué. Elle s'est transformée en une voix intérieure, une voix qui appelle « Maman, Maman, Maman ». Ce « Maman-là », personne ne l'entend. Ce « Maman-là », personne ne le perçoit. Seule Madame le discerne. Il résonne dans son cœur. Ce « Maman-là » est celui de Petite Mademoiselle. Ce « Maman-là » est celui de la petite fille solitaire qui ne parlait jamais de sa souffrance. Ce « Maman-là » est celui de Petite Mademoiselle qui ne pouvait pas dire : « Maman ne me quitte pas. Maman ne part pas. Maman, je t'en supplie, reste avec moi ». Ce « Maman-là » est celui de Petite Mademoiselle qui n'osait pas dire : « Maman, j'ai besoin de toi, j'ai besoin que tu me protèges. Maman, j'ai besoin que tu me prennes dans tes bras. J'ai besoin de ta présence. Maman, je t'en prie, ne t'en va pas. Maman, je t'aime, je t'en supplie, reste avec moi ».

Madame vit avec cette litanie intérieure. Elle lui rappelle son amour pour sa mère, son besoin incommensurable de l'avoir près d'elle. Madame vit avec cette complainte lancinante. Elle lui évoque l'infinie absence de sa mère.

La brisure

Une fin de repas. Un mercredi. Un soir de printemps. Mademoiselle se sent brusquement mal à l'aise. Une sensation étrange, inconnue. Elle est dans l'incapacité de faire un geste. Elle ne sait plus commander ses membres. Son corps lui échappe. Son cœur s'emballe. Elle respire mal. Elle étouffe. La tête lui tourne. Les choses autour d'elle sont devenues floues, impalpables, inconsistantes, inexistantes. Elle se vide de vie. Elle va mourir.

Mademoiselle interpelle ses parents, leur réclame de l'aide. Mutisme. Affolée, elle se lève de table, se précipite vers la fenêtre dans l'espoir de trouver une accalmie à sa perturbation en s'adossant à cette issue de secours. Elle est terrifiée par ce qui lui arrive et obtient pour toute explication, indifférence, froideur, impassibilité, désintéressement. Son père est resté assis à table et la regarde pantois sans savoir quoi lui dire. Sa mère s'est réfugiée dans la cuisine et devant son évier ne prête pas attention à ce qui se passe. Pas un regard, pas une parole, pas un sourire pour Mademoiselle qui continue d'appeler au secours. Ni l'un ni l'autre ne bouge, ne se déplace, ne s'approche de Mademoiselle pour la prendre dans ses bras, la tranquilliser, la rassurer. Ni l'un ni l'autre n'a de mots bienveillants, affectueux, chaleureux pour l'apaiser, la soulager et la délivrer de cet effroi. Ni l'un ni l'autre n'a de gestes caressants, tendres, câlins pour réprimer cette frayeur. Comme le bébé, comme Petite Mademoiselle, Mademoiselle est seule avec son angoisse.

Les battements de cœur redeviennent normaux. Les meubles, les objets, les tableaux, la pièce, reprennent vie. Mademoiselle refait surface, elle réapparaît, elle est de nouveau présente à elle-même. La crise de panique est passée. Tout semble redevenu normal.

Le lendemain, Mademoiselle est différente. Fine porcelaine craquelée à plusieurs endroits, elle n'a pas résisté à cette dernière attaque. Elle s'est brisée et les symptômes phobiques se sont précipités sur les morceaux tombés par terre.

Mademoiselle et ses miroirs

Mademoiselle habite un château aux multiples miroirs. Vêtue de sa belle névrose, elle déambule en traînant derrière elle son histoire et son barda de mal de vivre. Elle laisse s'écouler le temps, et passe sa vie avec ses seuls compagnons qui s'appellent ennuis, angoisses, tristesse. Amis fidèles, ils ne la quittent pas. Avec eux, elle s'arrête et se fige devant ces nombreuses glaces. Elle reste là, sans bouger, à regarder sans voir l'image qui s'y reflète.

Elle ne se reconnaît pas. Elle ne se perçoit pas. Elle ne s'identifie pas. Elle dévisage, elle fixe, elle examine cette vision. Brusquement, elle est prise de panique. Elle se met à crier : « c'est ma mère. C'est ma mère dans ce miroir, ce n'est pas moi ». Affolée, apeurée, troublée, elle virevolte et s'enfuit et court jusqu'au prochain miroir. Là, elle se touche, se parle, essaye d'enlever le masque de sa mère.

Mais l'image reflétée est toujours la même, celle de ces parents fantômes qui l'habitent et dont elle ne veut pas se séparer. Alors, elle repart, et inlassablement elle passe et repasse de pièce en pièce, de miroir en miroir à la recherche de son identité.

L'éponge

Belle éponge, ronde et dodue, Mademoiselle traverse sa vie en absorbant et en s'imbibant du ressenti des autres. Un bébé qui pleure. Un enfant qui crie. Elle fait siens ces chagrins enfantins. Une personne crispée, angoissée, cassée. Elle ramasse son mal-être, son vécu perturbé, sa nausée existentielle. Une ambiance angoissante. Une relation encombrée de non-dits. Elle s'empare de la turbulence souterraine, attrape les troubles émotionnels et récolte les perturbations semées.

Sentiments, émotions, impressions, atmosphères, Mademoiselle les aspire, ingurgite, avale et remplit ses grosses alvéoles. Détrempée de tous ces maux qui ne sont pas les siens, elle gonfle et écrase ses propres sentiments. Elle se met à la place des autres et s'oublie. Elle n'est plus à l'étage de sa vie. Elle n'est plus elle. Elle est l'autre. Elle vit dans le monde de l'autre, de celui ou celle qu'elle a imbibé. Son monde à elle lui échappe. Elle a pris une autre identité.

Mademoiselle ne sait pas essorer l'éponge pour en faire sortir tout ce qu'elle a pompé et qui n'est pas elle. En conservant ces ramassages, elle fait tout pour ne pas être elle-même. Tout pour être une autre. Tout pour s'éclipser derrière leur vie et fuir la sienne.

Le petit homme

Madame regarde avec tendresse ce petit homme venir vers elle. Elle regarde venir vers elle ce petit homme aux yeux bleu-vert noyés dans un visage crispé. Elle regarde venir vers elle ce petit homme qui souffle pour laisser s'échapper l'angoisse de sa vie.

Elle regarde venir vers elle ce petit homme, son père, qui sera toujours, pour elle, celui qui lui a apporté la vie face à une mère mortifère.

LES PHOBIES

La pieuvre

Une jeune et jolie pieuvre avait élu domicile chez Mademoiselle. Joyeuse, pleine de vie, elle aimait s'amuser avec elle, en étendant ses menus bras. Un endroit fermé ? Un fugace sentiment de peur pour Mademoiselle. Se retrouver seule ? Un bref pincement au cœur.

Mademoiselle ne prêtait pas attention à ces légers troubles. Elle s'en apercevait à peine. Cela passait. Le temps ne s'y était pas encore intéressé et n'y avait pas déposé ses empreintes.

Un jour, le destin se manifesta et la vie se passionna pour cette pieuvre espiègle et puérile. Elle l'apprivoisa, la nourrit, la gratifia pour qu'elle devienne bien ronde et ventrue, pour que ses organes de fixation soient abondants et collants. Cette enfantine pieuvre se mit à grandir, grossir, forcir. Ses tentacules s'allongèrent à tel point que Mademoiselle commença à sentir sa présence. Un endroit fermé ? La pieuvre gonflait, dépliait ses appendices et utilisait ses ventouses pour bien adhérer. Mademoiselle avait l'impression de se dilater, de ne plus pouvoir bouger ni ses bras, ni ses jambes. Elle ne les sentait plus. Elle était sans membre, sans force. Elle ne savait plus se déplacer, marcher, se mouvoir. Elle n'était plus elle-même. Elle avait un poids sur la poitrine. Elle étouffait. La pieuvre avait pris possession de son corps, le bloquait et le paralysait. Mademoiselle était devenue claustrophobe.

Se retrouver seule ? La pieuvre enflait et se délectait à se dérouler, se déployer, s'étendre lentement, posément. Elle savourait, goûtait, se régalait de ce moment privilégié : s'enrouler autour de Mademoiselle, s'accrocher, se suspendre à son cou et le serrer. Elle agissait, elle se comportait comme la mort s'emparant d'une vie. Mademoiselle était prise de panique. Elle avait l'impression de défaillir, de s'évanouir, de mourir. Son cœur allait s'arrêter. Ce qui l'entourait n'existait plus. Elle était dans un autre monde. Elle n'était plus vivante. La pieuvre avait pris possession de son moi. Elle avait fait surgir la suprême angoisse. Mademoiselle était devenue monophobe.

Les paniques passées, la pieuvre désenflait et retrouvait son aspect habituel. Bien installée dans les profondeurs de Mademoiselle, elle se nourrissait des inquiétudes, des anxiétés, des frayeurs, des affronts, des injustices, des souffrances que l'existence lui apportait. Mademoiselle s'était habituée à vivre avec ce céphalopode. Elle arrivait à supporter cette présence qui la forçait, parfois, à avoir certains comportements. Elle faisait avec, en évitant au maximum de provoquer les enflures, les débordements de ce mollusque dérangeant, de cet intrus perturbant.

Une jeune et jolie pieuvre avait élu domicile chez Mademoiselle. Avec le temps et sans que Mademoiselle s'en aperçoive, elle était devenue énorme, envahissante, importune, déplaisante, douloureuse, épuisante, déprimante.

Il faut toujours être vigilant des attaques passagères et des jeux brefs des jeunes pieuvres. Elles sont de perfides amies.

Etre seule

Mademoiselle est monophobe. Lorsqu'elle se retrouve seule, elle se perçoit sans existence. La carence de l'autre, la pénurie de l'être, la plongent dans la peur, l'angoisse, la panique. Les personnes absentes sont des humains impalpables, incorporels, des décédés vivants, des individus avec lesquels Mademoiselle ne sait plus, ne peut plus créer de lien. Ils sont des farfadets dont elle a brisé le fil qui les reliait à elle.

Esseulée, elle panique. Son cœur s'emballe, la tête lui tourne, ses mains sont moites. Elle flageole. Elle tremble. Elle ne sent plus ses membres. Elle a chaud, trop chaud. Ses vêtements sont serrés, trop serrés. Elle étouffe. Elle ne respire plus. Elle va s'évanouir. Elle va mourir.

Avec comme unique compagne la solitude, elle est sans vitalité. Les choses autour d'elle sont immobilisées, figées, pétrifiées. Elles se sont paralysées, raidies, statufiées comme elle. Mademoiselle est, avec tout son environnement, dans la non-vie. Le temps, l'espace, l'existence sont suspendus.

Pour calmer les battements de son cœur, pour animer ses membres, pour faire avancer l'aventure humaine dans ses veines, pour redonner son élan au temps, Mademoiselle est dans la nécessité d'un corps respirant à ses côtés. Pour exister, elle est en quête du son d'une voix, pour être, elle réclame un regard, elle quémande une chaleur existentielle. Pour vivre, elle exige une protection, une aide, un soutien, un modèle. Elle a besoin de l'autre. Elle est restée une enfant. Elle ne sait pas se prendre par la main.

Claustro et Mono

Madame hérita de Claustro et Mono, deux fascinantes et attachantes petites phobies que Mademoiselle avait adoptées. Madame ne voulut pas s'en séparer. Elle les garda et les protégea. Elle les flatta, les câlina, les dorlota, les bichonna. Choyées, cajolées, satisfaites, elles devinrent deux magnifiques phobies imposantes et souveraines dans lesquelles Madame se lovait avec volupté.

Et Madame persévéra. Elle continua à les alimenter, les entretenir, à leur obéir. Elle s'inclina devant leurs exigences, céda à leurs désirs, se soumit à leurs caprices. Radieuses, réjouies, Claustro et Mono s'installèrent gentiment, et se développèrent, se développèrent, se développèrent. Devenues plantureuses, fières, comblées, elles capturèrent, s'approprièrent, s'emparèrent de Madame. Elles l'avaient métamorphosée en proie conciliante, en prise facile, en butin de choix. Madame redoutait leur assaut, leur violence, leur agression, mais elle ne pouvait pas ou ne voulait pas s'en débarrasser.

Alanguies dans leurs tanières, Claustro et Mono, panthères noires resplendissantes, royales, altières, sommeillaient et attendaient, imperturbables, le moment où elles allaient attaquer Madame pour la défigurer avec leurs crocs et leurs griffes.

L'attaque de Claustro

Au milieu des autres, escortée de Claustro et Mono, Madame rit… sourit… discute… pleure… se dispute… se réconcilie… aime… déteste… travaille… voyage… vit. Quand, tout à coup, Claustro surgit. Devant un ascenseur. La gueule ouverte, elle attend Madame pour pouvoir la happer.

Alerte. Trouver les escaliers. Hyper-entraînés, les yeux de Madame dénichent la bonne porte. Rassurée, Madame arrive à l'étage. Mais là, surprise! Chaleureuse et joyeuse, Claustro l'attend. Elle ne lâche pas si facilement une proie. Un couloir et une pièce aveugle. Impossible d'éviter cette seconde attaque. Branle-bas. Installer le plan de survie. Bien repérer et mémoriser les escaliers. S'installer près de la porte. Vérifier que la petite lampe de poche fonctionne.

Féline, Claustro laisse faire, observe, patiente, guette. Le combat entre elle et Madame ne va pas tarder à commencer. Tout est devenu calme. Madame semble ne plus se préoccuper d'être enfermée. Le moment propice pour frapper est arrivé.

Madame commence à bouger, à avoir un peu chaud, à se tracasser. Elle regarde d'un air inquiet la salle. Pas de fenêtre. Pas d'air. Claustro est là, souriante. Madame arrive à la repousser et la mini-angoisse passe. Le calme revient. Seulement, Claustro a décidé de s'amuser.

Il fait excessivement chaud. Madame a les mains

moites, elle sent un poids sur sa poitrine, a mal à la tête. Elle met en action ses moyens de défense : inspirer, expirer profondément, se décontracter, se calmer. C'est fabuleusement amusant. Claustro pouffe et passe à la vitesse supérieure. Le cœur de Madame bat de plus en plus vite. Son ventre se crispe. Claustro a décidé de ne pas s'arrêter. Le cœur de Madame s'est emballé, elle va étouffer. La pièce se rétrécit. Madame voit trouble. Son imagination s'est mise en marche. La porte est fermée. Elle est peut-être bloquée. Fermée à clé. On n'a pas la clé. Claustro continue et la panique s'empare de Madame. Elle ne peut pas bouger. Elle ne sait plus ouvrir une porte. L'air lui manque. La pièce est de plus en plus petite, et elle, de plus en plus grosse. Elle ne peut pas se mouvoir. Elle va s'évanouir, mourir. Les personnes autour d'elle n'existent plus, ce sont des zombies. Il faut qu'elle sorte. Il faut qu'elle sorte.

Affolée, Madame s'enfuit pour aller respirer à l'extérieur. La crise est passée. Claustro a encore gagné.

ET APRES...

Arrêt sur image

Madame n'a pas tout oublié. Elle n'a pas tout lâché, elle n'a pas tout classé. Certains jours, les souvenirs défilent dans sa mémoire, récents, anciens, tristes, importants, joyeux. Elle se retrouve à des étages de sa vie et visionne ainsi certains scénarios.

Parfois, une pensée s'imprime. Arrêt sur image. Madame revit une situation. Elle voit Petite Mademoiselle pousser un berceau sur la terrasse de leur villa. Sa mère la regarde appuyée à la fenêtre du premier étage. Peut-être lui parle-t-elle ? Brusquement, Petite Mademoiselle se fige. Elle ne bouge plus. Statufiée. Elle regarde vers le portail. Elle guette quelqu'un. Son père. Elle l'attend. Il ne faut pas qu'il voit ses poupées. Elle doit les cacher avant son arrivée. Peut-être que sa mère observe, elle aussi, et la surveille ?

Ces évocations rappellent à Madame la phobie de son père et les fureurs que lui procurait la vue de ses poupées. Elle se souvient des frayeurs qu'elle avait en l'entendant crier, frapper, casser ce qui se trouvait sur son passage. Elle revoit ces moments où elle se coupait du monde pour effacer ces visions. Elle ressent ces peurs qu'elle avait : être comme lui, répéter cette vie, ne pas pouvoir se contrôler. Tomber dans la folie.

Madame reste un moment avec ces images et ces stigmates émotionnels. Elle laisse arriver à elle tout ce qui peut lui revenir. Elle est dedans. Elle est dans la douleur du passé revécu, dans la souffrance de cette enfant. Cette petite fille s'est arrêtée de jouer, s'est immobilisée et a suspendu son temps. Elle a stoppé sa vie. Elle se sent perdue. Que faire : jouer ou ne pas jouer ? Pleurer, crier, appeler sa maman ? Cette maman qui est là, la regarde et ne dit rien. Cette maman qui ne se manifeste jamais, qui est toujours si distante et si peu vivante. Moment sinistre, angoissant, paniquant pour une enfant de quatre, cinq ans.

Madame archive ensuite ce souvenir afin que tout ce qu'il véhicule ne continue pas à vivre en elle. Archivé, il aura perdu son enveloppe affective et Madame pourra ainsi lâcher prise.

Elle

A la vue d'une vie malheureuse, celle d'un homme ou celle d'un animal, Madame se croit obligée de corriger cette erreur de la nature. Elle écoute, comprend, compatit et adapte son comportement pour calmer les douleurs de cet animal, sécher les larmes de ces yeux tristes, permettre à cette bouche de s'ouvrir et de libérer les expressions du mal-être qui se bousculent derrière les lèvres serrées. Elle trouve les mots, les gestes, les manières pour aider à redresser ce dos courbé par l'amoncellement des souffrances. Par un simple sourire, elle défroisse ce visage crispé, réchauffe ce cœur frigorifié, redonne du tonus à ce corps atone. Métamorphoser l'être défait, le réconcilier avec lui-même, lui redonner envie de vivre, lui permettre de se réaliser, sont des démarches spontanées chez Madame. Elle est en empathie avec les autres. Ils le savent et viennent facilement vers elle pour se lâcher, se revigorer, récupérer une énergie perdue.

Une personne ne rentre pas dans ce schéma. ELLE. Madame n'admet pas, ne veut pas ou à peur d'être heureuse. Elle critique, désapprouve, conteste ce qu'elle fait. Elle se reproche sans cesse ses attitudes, ses choix, ses relations. Elle sabote ses désirs et ses plaisirs. Elle transforme en échec ses réussites. Elle devient négligente lorsque la chance se présente. Elle laisse passer ces opportunités et culpabilise ensuite de ne pas avoir su les saisir. Elle ne sait pas apprécier ces simples moments de bonheur, de bien-être, de joie. Elle les défigure, les salit, les gâche et vit dans le regret de ne pas avoir su en profiter. Elle n'est jamais dans l'instant présent et disperse son esprit en l'encombrant de pensées négatives polluantes. Eternelle insatisfaite, elle s'impose des obligations, des exigences, des devoirs. Elle veut toujours plus. Elle est une boulimique des corvées. Elle noircit, empuante, intoxique sa vie. Elle ne s'aime pas.

Les symptômes

Malgré les nombreuses tentatives pour s'en détacher, Madame conserve précieusement les symptômes que Mademoiselle lui a généreusement transmis. Elle se complaît à les entretenir, les protéger, les préserver. Surtout ne pas les quitter. Madame a même un certain orgueil intérieur à les posséder, ils représentent un patrimoine, une richesse, un trésor. Ces symptômes la différencient des autres, elle n'est pas comme eux, elle a un plus. Ils sont son enfance et le souvenir de cette Mademoiselle qui, un jour, a soigné ses blessures par ces marques indélébiles et s'est métamorphosée en phobique.

En gardant ses symptômes, Madame ne grandit pas et reste cette enfant en attente de réparation des casses subies. Ils l'empêchent de lâcher prise, de devenir adulte, de quitter cette petite fille revendicatrice d'amour maternel. Les nourrir remplit son vide intérieur. Avec eux, elle se sent protéger des agressions de la vie et a l'impression que rien ne peut lui arriver. Ils sont ses anges gardiens. Ils ferment la porte aux responsabilités de l'adulte. Ils empêchent l'eau débordante de la vie d'entrer, mais laissent Madame patauger dans une marre vaseuse.

L'animal blessé

Solitaire, il se terre dans son repaire où il accumule les choses de sa vie de bête : les vêtements déchirés, les chiffons, la poussière du temps qui passe, les photos jaunies. Pour égayer un peu cet antre, il éclaire certains recoins avec les proies capturées au cours de ses brillantes sorties sociales : tableaux, porcelaines, bronze, dédicaces….

Il est cet animal blessé que l'on ne peut ni capturer ni apprivoiser. Il fuit toute attache qui le retiendrait et l'emprisonnerait : la corde affective trop solide dont il ne pourrait pas défaire le nœud trop serré, le piège tendu par un lien amical trop fort qui le détruirait, l'anneau trop étroit qui l'immobiliserait. Il garde sa liberté pour se protéger de ces agressions. Si Madame tente de l'amadouer, de le soigner, d'être gentille, il rugit, sort ses griffes et lui donne un coup de patte ravageur. Si elle se tait, si elle ne bouge pas, de lui-même il vient vers elle aimablement, gaiement, naturellement. Madame retrouve l'homme qui la fascinait quand elle était enfant. Elle profite au maximum de ses instants merveilleux avec lui. Elle sait qu'ils ont une fin. La bête va devenir désagréable, agaçante, détestable, insupportable. Elle va redevenir l'animal blessé qui s'isole dans sa tanière pour dormir et panser ses blessures.

Madame va attendre que le temps guérisse les plaies. Elle a appris à vivre ainsi dans la bipolarité.

La bohémienne

Danse. Danse. Danse bohémienne.

Tourne. Tourne. Tourne bohémienne.

Valse. Valse. Valse bohémienne.

Pieds nus, jupes, jupons multicolores, châles, foulards bariolés, Madame est bohémienne. Son rêve. Sa réalité.

Et elle danse, danse, danse. Joyeuse.

Elle a ôté les haillons de Cendrillon, jeté les peaux d'âne, retiré le manteau de fourrure de sa mère.

Et, elle tourne, tourne, tourne. Légère.

Elle a quitté la petite fille angoissée, elle a lâché son amour déifiant pour son père, elle a abandonné son attachement à un désir impossible de reconnaissance.

Et elle valse, valse, valse. Radieuse.

Elle a renoncé à sa quête d'amour maternel. Elle a pardonné les départs et les absences de sa mère.

Et elle danse, danse, danse.

Elle a posé par terre ces valises remplies d'obligations, de devoirs, de peines, de culpabilités.

Et elle tourne, tourne, tourne.

Elle a mis le feu à tous ces handicaps, ces fardeaux, ces incommodités. Elle regarde les flammes les capturer, les emporter, les réduire, les détruire.

Et elle valse, valse, valse autour d'eux.

Elle a brisé sa cuirasse et s'est vêtue de sa personnalité. Elle a libéré sa richesse et a pris dans ses bras son coffre à bijoux plein de ses pierres précieuses.

Et elle danse, danse, danse.

Elle est prête à parcourir le monde et à partager ses trésors. Elle n'a plus peur de les perdre. Maintenant, elle les sait intarissables, inépuisables.

Et elle tourne, tourne, tourne.

Elle a dégagé tout ce qui asphyxiait, neutralisait, assassinait son moi.

Et elle valse, valse, valse.

Bibliographie

- Christophe ANDRE : « Psychologie de la peur »

- J. D. NASIO : « Mon corps et ses images »

- J. D. NASIO : « Un psychanalyste sur le divan »

- J. D. NASIO : « L'Oedipe »

- Clarissa PINKOLA ESTES : « Femmes qui courent avec les loups »

- Marie ANAUT : «La résilience, surmonter les traumatismes »

- Françoise DOLTO : « La difficulté de vivre »

SOMMAIRE